GUÍA DE LECTURA

Escrita por Yann Dalle
Traducida por Tamara Montes Blanco

El Dador

de Lois Lowry

Entiende fácilmente la literatura con

ResumenExpress.com

www.resumenexpress.com

LOIS LOWRY

ESCRITORA ESTADOUNIDENSE

- **Nacida en 1937 en Honolulu, Hawái (Estados Unidos)**
- **Algunas de sus obras**:
  - *Anastasia Krupnik* (1979), novela
  - *All about Sam* (1988), novela no traducida al español
  - *¿Quién cuenta las estrellas?* (1989), novela

Lois Lowry es una autora estadounidense especializada en literatura juvenil. Es hija de un militar y más tarde se casa con un oficial de la marina, por lo que viaja mucho desde su más tierna infancia. Su pasión por la escritura nace de forma bastante tardía. Publica su primera novela, *Anastasia Krupnik*, en 1979 y obtiene la Medalla Newbery diez años más tarde por la publicación de *¿Quién cuenta las estrellas?* Volverá a recibir esta distinción, que goza de un gran prestigio en el mundo de la literatura juvenil en Estados Unidos, una segunda vez en 1994, por su novela *El Dador*.

EL DADOR

UNA NOVELA DISTÓPICA PARA JÓVENES

- **Género:** ciencia ficción, distopía
- **Edición de referencia:** Lowry, Lois. 2008. *El Dador*. Traducido por Mª Luisa Balseiro. León: Everest
- **Primera edición:** 1993
- **Temáticas:** individuo y sociedad, totalitarismo, libertad, distopía

El Dador, primera novela de la serie «El Cuarteto», está destinada a un público joven. Está inspirada en las grandes obras distópicas (que ponen en escena una sociedad imaginaria totalitarista nefasta para sus miembros) de la primera mitad del siglo XX, tales como *Un mundo feliz* (1932) de Aldous Huxley (1894-1963) o *1984* (1949) de George Orwell (1903-1950).

La autora cuenta la historia de Jonás, un niño que vive en una sociedad futurista perfectamente organizada y que ha sido elegido para convertirse en el Receptor de la Memoria, el único poseedor de todos los recuerdos ligados a la historia de su pueblo, que vive en la despreocupación y la ignorancia del pasado. A medida que el hombre al que remplazará le enseña lo necesario para ocupar el puesto, Jonás se da cuenta de que su pequeño mundo está lejos de ser tan idílico como él siempre había creído.

RESUMEN

UN NIÑO DIFERENTE A LOS DEMÁS

Jonás, un niño de once años, vive en una sociedad futurista donde el día a día está marcado por unas leyes muy estrictas. La estabilidad del grupo descansa sobre unas libertades individuales muy limitadas. Por ejemplo, uno no puede elegir cómo vestir, qué profesión desempeñar o qué nombres poner a sus hijos, ni tan siquiera puede escoger a su cónyuge. También está prohibido procrear. Se distribuyen pastillas para refrenar las emociones y los deseos entre las personas, y los recién nacidos son diseñados en centros especializados. Cada día, Nacidos que son demasiado débiles, viejos que son demasiado mayores y personas que están fuera de la ley son «liberados»; una palabra misteriosa que los habitantes emplean sin comprender muy bien qué significa realmente y que asocian a algo así como irse a vivir «Afuera».

Jonás crece en este mundo sin colores, donde cada detalle de la vida privada está minuciosamente regulado, en el seno de una familia que, a falta de darle amor, se ocupa cuidadosamente de él. Su madre trabaja en el Departamento de Justicia, su hermana menor aún es muy pequeña, y su padre, empleado en el Centro de Crianza, se preocupa por la salud de uno de los recién nacidos, Gabriel. Como el bebé muestra un retraso en el crecimiento, el padre de Jonás se lo lleva a casa para cuidarlo mejor.

Hay dos elementos que distinguen a Jonás de los otros ciudadanos: tiene los ojos claros, lo que es muy raro en su

Comunidad, y, sobre todo, dispone de un poder particular del que aún no es consciente. Jonás tiene la «Capacidad de Ver Más», es decir, de percibir el mundo de un modo diferente. Sucede así que los objetos que observa cambian de apariencia durante algunos segundos. Pero, por el momento, Jonás está preocupado más que nada por la gran ceremonia anual que tendrá lugar próximamente: él y todos los demás niños que pronto cumplirán doce años van a descubrir la profesión que los Ancianos han elegido para ellos.

RECEPTOR DE LA MEMORIA

Jonás se entera de que será el nuevo «Receptor de la Memoria», una función única y prestigiosa, pero también de gran dificultad. A partir de este día, tiene autorización para infringir algunas reglas. Puede hacer todas las preguntas que quiera y tiene derecho a mentir. Sin embargo, ya no puede tomar medicamentos, a no ser que su trabajo lo requiera, y no puede contar sus sueños al levantarse, contrariamente a lo exigido por la ley. Finalmente, tiene terminantemente prohibido explicar a los demás la naturaleza de su aprendizaje.

Cada día después del colegio, se dirige a casa del hombre al que pronto remplazará para comenzar su formación. Es un viejo de ojos claros, consumido por su oficio y que vive en una tremenda soledad desde hace mucho tiempo. Esto no impide que sea respetado por su Comunidad, que le otorga el sobrenombre de «el Dador».

En su primera clase, el Dador le pide a Jonás que se tumbe y coloca las manos sobre él. De repente, una extraña sensación invade el cuerpo del joven, que al instante siguiente se imagina en un trineo descendiendo a toda velocidad por la pendiente nevada de una montaña; una experiencia incomprensible, puesto que Jonás en su vida ha llegado a ver un auténtico trineo, ni tampoco la nieve o la montaña. Lo que el niño acaba de percibir es un recuerdo, un fragmento de memoria que el Dador le ha transmitido, el primero de una larguísima lista. Con el paso de los días, Jonás comprende en qué consiste su función: está a cargo de todos los recuerdos de la Comunidad. En un mundo en el que ya a nadie le quedan recuerdos, él tiene la responsabilidad de conservarlos con sumo cuidado, a fin de que los ciudadanos puedan vivir sin preocuparse por nada. Sin él, los recuerdos podrían suscitar miedo, pánico, y poner en peligro el frágil equilibrio de la Comunidad.

Por lo tanto, es el comienzo de una nueva vida para Jonás, que entrevé, a través de los recuerdos, emociones que no conocía. Descubre la alegría, la pasión, el deseo y el amor, pero también emociones más tristes y más trágicas. Comprende que en otro tiempo existía un gran número de sentimientos, que fueron aniquilados por la Comunidad, enterrados bajo las leyes o disueltos por los medicamentos que se toman a diario. Finalmente, Jonás descubre el color. La transmisión de recuerdos le revela un mundo nuevo y colorido, que ya había entrevisto anteriormente, cuando su «Capacidad de Ver Más» se manifestaba.

Pero todos estos descubrimientos van acompañados de una soledad que no deja de crecer, puesto que a Jonás le gustaría poder comunicar a los demás lo que aprende. A su vez, trata de transmitir recuerdos a sus amigos y a sus padres, pero en vano. Nadie es receptivo, excepto Gabriel, el bebé de ojos claros al que su padre ha acogido en casa.

UNA SOCIEDAD NO TAN IDÍLICA

Ha pasado un año, y la opinión de Jonás sobre su Comunidad ha ido cambiando. Comprende que, al frenar los malos recuerdos, sus conciudadanos también han descartado los buenos. Al tratar de suprimir el sufrimiento, el miedo o los excesos que a veces causan las pasiones, las leyes también han hecho desaparecer el amor, la alegría, el deseo y muchos otros sentimientos humanos. En la mente del niño nace un ansia de revuelta que se intensificará tras una nueva y terrible revelación.

Desde hace mucho tiempo, se pregunta qué significa exactamente el hecho de ser «liberado». Acaba por preguntárselo al Dador, que le propone que vea el vídeo de una liberación. Las imágenes provienen del lugar de trabajo de su padre, el Centro de Crianza. La ley prohíbe que existan gemelos, por lo que el padre de Jonás tiene la responsabilidad, cuando esto sucede, de liberar al más pequeño de los dos. Esto es lo que sucede en el vídeo que ve Jonás: observa cómo su padre le pone una inyección a un bebé que muere en pocos segundos.

Jonás se da cuenta de que lleva mucho tiempo engañado y de que tras la palabra «liberar» se esconde otra mucho más indignante, «asesinar». Para él, a quien le gustaría transformar esta sociedad que cada vez le causa más repulsión, esta revelación es la gota que colma el vaso. Decide revelar la verdad, tiene en mente la idea de transmitir a todo el mundo sentimientos nuevos, mostrarle los colores, los recuerdos, y hacer todo lo posible por sacarlo de la ensoñación en la que siempre ha estado sumergido. El Dador acepta ayudarlo, y, juntos, elaboran un plan.

LA HUIDA

Acuerdan que, durante la gran ceremonia anual, Jonás huirá lo más lejos posible. Si se aleja lo suficiente, todos los recuerdos que ha conservado se liberarán al instante, se expandirán por la Comunidad y desvelarán a todos otra realidad del mundo. Todo está bien organizado, pero, la víspera, Jonás se entera de que Gabriel, que es demasiado débil, acaba de ser condenado a la liberación.

Para salvarlo, se marcha con él antes de lo previsto. Le roba la bicicleta a su padre y conduce a toda velocidad por las carreteras, escondiéndose cada vez que corre el riesgo de ser descubierto. Cada hora que pasa están más agotados, pero a pesar del hambre y el frío, Jonás saca energías suficientes para ascender por la ladera de una montaña sin dejar de proteger al bebé, que está muy débil. En la cumbre descubre un trineo, el mismo que había visto en el primer recuerdo que le transmitió el Dador, que utiliza para descender por la pendiente nevada en dirección a las luces que vislumbra a lo lejos.

Al pie de la montaña encuentra una casa. A través de una de las ventanas, Jonás sorprende a una familia que está celebrando la Navidad. Por primera vez, oye música y asiste a una escena diferente a todo lo que había podido ver hasta el momento: una escena de amor. El bebé está a salvo, y Jonás acaba de descubrir que existe otro lugar, fuera del mundo que siempre ha conocido.

ESTUDIO DE LOS PERSONAJES

JONÁS

Jonás es el personaje principal de la historia. Es un niño de once años, inteligente, valiente, buen estudiante, y que se distingue de los demás por una particularidad física muy poco común: tiene los ojos claros. Además, posee un poder misterioso, la «Capacidad de Ver Más». A veces, los objetos que observa cambian de apariencia, sin que él pueda entender de dónde viene esa transformación. Más tarde descubrirá que lo que cambia los objetos es el color.

EL RECEPTOR DE LA MEMORIA

El Receptor de la Memoria es uno de los miembros más respetados de la Comunidad. Conserva en su memoria todos los recuerdos del pasado, tanto los momentos alegres como los instantes tristes. Pero no tiene derecho a comunicárselos a los demás. Es un hombre que vive presa de una enorme soledad y que está marcado por el sufrimiento que le provocan los malos recuerdos. Su función también consiste en transmitir toda esta memoria colectiva a su sucesor, de ahí su nombre de «Dador». Para logarlo, dispone de un misterioso poder. Puede transmitirle un recuerdo a otra persona colocando las manos sobre ella.

Es un hombre ya mayor, al que su profesión ha hecho en-vejecer prematuramente. Al igual que Jonás, tiene los ojos claros. Varios años antes, perdió a su hija pequeña. La niña fue designada como su sucesora, pero no pudo soportar el peso de los recuerdos dolorosos y ella misma pidió ser «liberada».

ASHER

Asher es un compañero de clase y amigo de Jonás. Es un niño inquieto y, a veces, travieso. Cuando habla, suele confundir las palabras, lo que hace que los profesores lo castiguen con severidad. Será nombrado Subdirector de Recreación.

FIONA

Fiona también es compañera de clase y amiga de Jonás. Es una niña dulce, inteligente, tranquila y educada, a la que le gusta ayudar a las personas mayores. Los Ancianos le atribuirán el oficio de Cuidadora de Viejos.

LA FAMILIA DE JONÁS

El padre de Jonás es un hombre dulce y atento, al que le gusta mucho ocuparse de sus hijos. Su función consiste en alimentar y cuidar a los recién nacidos.

Su madre es una mujer inteligente, que trabaja en el Departamento de Justicia. Elige los castigos que les son infligidos a los que no respetan la ley.

Jonás también tiene una hermana pequeña, Lily. Es una niña de siete años muy entusiasta y revoltosa.

GABRIEL

Gabriel, un bebé cuyo estado de salud es bastante frágil, tiene los ojos claros como Jonás. No se desarrolla tan rápido como los otros bebés y, si su estado no mejora, corre el riesgo de que lo «liberen». A diferencia de los demás, es capaz de sentir los recuerdos que le transmite Jonás.

CLAVES DE LECTURA

¿CIENCIA FICCIÓN, GÉNERO FANTÁSTICO O DISTOPÍA?

El Dador es una novela destinada a la juventud, inspirada en un género literario muy específico. La autora se interesa por cuestiones que antaño planteaban escritores como George Orwell, Aldous Huxley o Ray Bradbury (1920-2012). ¿Pero qué género es este exactamente? La historia transcurre en una sociedad futurista, alejada de la nuestra. ¿Debemos hablar de ciencia ficción o de género fantástico? La diferencia entre ambos es la tendencia hacia lo explicable o hacia lo inexplicable en los hechos que se presentan.

El género fantástico hace intervenir a lo irracional, a la magia, es decir, a cosas inexplicables desde el punto de vista científico; la ciencia ficción, en cambio, describe universos desconocidos a menudo más evolucionados tecnológicamente que el nuestro, donde todo puede explicarse de un modo científico. Pone en escena mundos que son una especie de prolongación del nuestro, pero que han experimentado grandes avances científicos, ya sean positivos o negativos.

Suele suceder que ambos géneros se confunden, y resulta difícil distinguirlos. *El Dador* es más bien una obra de ciencia ficción, ya que se trata de una sociedad que ha evolucionado enormemente en varios campos (especialmente el médico y el tecnológico), pero donde más o menos todo tiene explicación, a pesar de no ser real. Sin embargo, cuando el Receptor, al colocar sus manos sobre Jonás, consigue entrar en su mente para confiarle recuerdos procedentes del pasado colectivo, la historia se sumerge en la magia. Por lo tanto, hay algunos elementos fantásticos en esta historia de ciencia ficción.

Muy a menudo, la ciencia ficción mira con ojo crítico nuestra sociedad para ponernos sobre aviso acerca de posibles evoluciones negativas. Existe un subgénero muy particular de la ciencia ficción que se apoya en este principio: la distopía o contrautopía. Este subgénero reagrupa un gran número de novelas y películas basadas en un principio común: en sociedades organizadas de manera muy rígida, precisa y mecánica, los individuos son sacrificados en beneficio de un ideal común. Están alienados y, a menudo, son infelices, a pesar de que la mayoría no es realmente consciente de ello. Por lo tanto, la distopía se sitúa en el lado opuesto de la utopía, que aspira a imaginar un mundo perfectamente organizado e ideal.

En la mayoría de novelas distópicas del siglo XX, un personaje, a menudo diferente a los demás, se da cuenta de que la sociedad perfectamente organizada en la que vive se basa en mentiras. Esto es exactamente lo que le ocurre a Jonás, que descubre que su sencillo y ejemplar día a día esconde una terrible realidad.

LA DESAPARICIÓN DEL INDIVIDUO EN BENEFICIO DE LA ORGANIZACIÓN SOCIAL

En la mayoría de distopías, el grupo pisa al individuo. La sociedad descrita funciona como un mecanismo perfectamente engrasado y propone un sistema eficaz en el que cada detalle está minuciosamente regulado. Pero esta organización implica un control de todo lo que es imprevisible, original o diferente. Es necesario reducir al máximo lo que distingue a los individuos para convertirlos en simples engranajes de una gran máquina que los absorbe.

Por lo tanto, se trata de privarlos en mayor o menor medida de su libertad y de homogeneizar las diferentes personalidades. En *El Dador*, los ciudadanos no tienen la posibilidad de hacer elecciones personales, ya sea en lo que concierne a pequeños detalles o a decisiones más importantes. Los niños no pueden escoger su bicicleta ni su ropa, pero, sobre todo, no pueden decidir quién será su futuro cónyuge ni sus hijos, ni siquiera los nombres que estos tendrán.

No deciden nada; todo está ya previsto para ellos, hasta el más mínimo detalle, en nombre de la racionalidad científica. Esta privación tiene un objetivo: hacer de todos los miembros seres perfectamente adaptados a la vida de su Comunidad para que ya no puedan formar un conjunto de individuos diferentes, sino tan solo un grupo homogéneo. El proceso lleva incluso a suprimir los colores. Ahora bien, Jonás descubre precisamente que, al suprimir los colores, se suprime también la posibilidad de escogerlos y, por lo tanto, de diferenciarse. Por esta razón, los ciudadanos se parecen aún más, ya que viven en un mundo en blanco y negro.

UN SISTEMA TOTALITARIO

Vigilar todo, hasta en el inconsciente

Una vez que los ciudadanos han sido privados de su libre albedrío (es decir, de la posibilidad de hacer elecciones), es necesario, para garantizar la estabilidad social, vigilarlos y controlarlos. El control total de los individuos es uno de los grandes temas de la literatura distópica, porque existe en nuestra realidad: es un proceso que se utiliza cada vez que se implementa una dictadura o un Estado totalitario.

En *El Dador*, todos los personajes están sometidos a una ley muy estricta, que prevé castigos que pueden llegar hasta la muerte. Pero, como en muchas distopías, no es necesario recurrir a la presencia policial para hacer respetar las reglas, ya que los individuos se vigilan unos a otros. Los principios de la ley son inmutables y enseñados desde la más tierna infancia. No se pide a los alumnos que desarrollen su espíritu crítico, sino que aprendan de memoria las leyes que deberán respetar escrupulosamente.

Una vez se ha realizado este lavado de cerebro ideológico, el hecho de vigilar, de controlar, incluso de denunciar a los eventuales agitadores se convierte para cada ciudadano en algo natural. Cuando Jonás intenta escaparse, ya no se puede fiar de nadie, ni siquiera de su propia familia.

La vigilancia es permanente. Se trata de saber lo que cada cual piensa para impedir la más mínima posibilidad rebelión, para lo que resulta necesario penetrar en los pensamientos más íntimos y secretos de los individuos. Para conseguirlo, la Comunidad de Jonás ejecuta cada día un rito obligatorio, la exposición de los sueños. Justo a través de ellos es como el inconsciente se libera, como pensamientos incontrolados e incontrolables desvelan informaciones. Obligar a los habitantes a contar sus sueños es penetrar en lo más profundo de su mente para intentar ver qué piensan de verdad.

Controlar las pasiones

Los sueños también son el lugar en el que se manifiestan las pulsiones, las pasiones, los deseos, aún más difíciles de controlar que las ideas. Cuando Jonás se siente atraído por Fiona, su cuerpo manifiesta un deseo incontrolable a pesar de la prohibición. No comprende bien este sentimiento que él no ha pedido y que se le ha impuesto naturalmente. Este deseo se manifiesta en sus sueños, pero también de manera metafórica, ya que el primer color que descubre es el rojo; un color simbólicamente relacionado con el deseo, pero también con la violencia y el impulso belicoso.

Todas estas pasiones pueden representar un gran peligro para el equilibrio de la Comunidad. Por lo tanto, se aplican distintos medios para reprimirlas. Por ejemplo, se ha disociado a la pareja de la idea de procreación, disociada a su vez de la dimensión sexual, y todos los ciudadanos tienen que tomar pastillas que aniquilan sus deseos, como una castración química que cada uno acepta. Pero, al suprimir las pasiones negativas, la Comunidad también ha suprimido las pasiones positivas, y el amor, por ejemplo, ha desaparecido.

Transformar la realidad con palabras

Los mundos aparentemente idílicos de las distopías tienen un gran número de puntos en común con las dictaduras o los totalitarismos reales. A pesar de la eliminación de las individualidades, a pesar de la vigilancia constante, siempre hay que aplicar más medios para asegurar la continuidad del sistema.

Para controlar las mentes hay que controlar las palabras. Estas no solo sirven para designar las cosas, sino que también son herramientas para comprender el mundo que nos rodea. Los lingüistas han demostrado que las ideas que desarrollamos están estrechamente ligadas a las palabras que conocemos. Dicho de otro modo, cuanto más elaborado sea el vocabulario del que disponemos, más posibilidades hay de que las ideas que tenemos sean complejas y perspicaces.

Por lo tanto, controlar el lenguaje es controlar las ideas y la percepción de la realidad; y modificar las palabras también es modificar la realidad. Por esta razón, desde su más tierna infancia, Jonás y sus compañeros son severamente castigados si no utilizan las palabras que se les han impuesto.

La autora insiste en la utilización de la palabra «liberar», que ha remplazado a la expresión «condenar a muerte». Al utilizar esta palabra vaga que no se entiende realmente, los personajes pierden de vista la realidad. Cada día, los recién nacidos, los viejos y los fuera de la ley son condenados a muerte, pero ya nadie se da cuenta, puesto que las palabras para expresarlo han desaparecido.

Para finalizar, este trabajo sobre el lenguaje va acompañado de una regla muy estricta: en la comunidad de Jonás, los libros están prohibidos.

PISTAS PARA LA REFLEXIÓN

ALGUNAS PREGUNTAS PARA PROFUNDIZAR EN SU REFLEXIÓN...

- ¿Cómo podemos adivinar desde el principio de la novela que el mundo perfecto que se nos presenta está lejos de ser ideal?
- ¿Podemos hablar de un final positivo? ¿Por qué razones?
- ¿Jonás es más feliz o más infeliz a partir del momento en que descubre la realidad del mundo en el que vive?
- ¿Qué puntos en común tienen regímenes totalitarios que hayan existido en el pasado y el funcionamiento de la comunidad en la que vive Jonás?
- Algunas de las distopías más conocidas utilizan el marco de la ciencia ficción para criticar un régimen político en particular. ¿A qué régimen político se dirigía George Orwell cuando escribió *1984*?
- Los miembros de la comunidad deben tomar pastillas todos los días para refrenar sus deseos. ¿En qué otra distopía literaria los personajes también hacen esto? ¿Es por las mismas razones?
- En *Fahrenheit 451* de Ray Bradbury, los libros son prohibidos y quemados. ¿Se prohíben por las mismas razones que en *El Dador*? ¿En qué momento de nuestra historia se prohibió y se quemó un gran número de libros?
- ¿En qué película fantástica estadounidense los personajes también ven el mundo en blanco y negro? ¿La ausencia de colores en esa película tiene la misma función simbólica que en *El Dador*?
- La distopía está muy relacionada con otro género lite-

rario, la utopía. ¿Cuáles son las utopías más conocidas? ¿Qué puntos en común comparten con las distopías y en qué se diferencian de ellas?

PARA IR MÁS ALLÁ

EDICIÓN DE REFERENCIA

- Lowry, Lois. 2008. *El Dador.* Traducido por Mª Luisa Balseiro. León: Everest.

ADAPTACIÓN CINEMATOGRÁFICA

- *The Giver.* Dirigida por Phillip Noyce, con Jeff Bridges, Meryl Streep y Brenton Thwaites. Estados Unidos, 2014. Esta película recibió una acogida discreta por parte del público y de la crítica.